Roy Publicae

Suspendierung

Roy Publicae

Suspendierung

Ermittlungsverfahren

Dictus Publishing

Imprint

Cover image: www.ingimage.com

Publisher:
Dictus Publishing
is a trademark of
International Book Market Service Ltd., member of OmniScriptum Publishing Group
17 Meldrum Street, Beau Bassin 71504, Mauritius
Printed at: see last page
ISBN: 978-613-7-35514-5

Inhaltsverzeichnis:

I. <u>Hauptkommissar:</u>

Suspendierter Hauptkommissar auf Querdenker-Veranstaltung 22.8.[1]

Hauptkommissar Michael Fritsch ist wegen seines Auftretens auf einer Querdenker-Veranstaltung in Dortmund suspendiert. Er hatte dort als Privatmann gegen die Corona-Maßnahmen gesprochen.

Am 22.8. trat er in Darmstadt auf und bekräftigte seine Kritik. Fritsch erklärte, was eine Suspendierung bedeutet. Wikipedia zitiert aus einem Kommentar zum Dienstrecht so:

»Die Suspendierung wird durch die oberste Dienstbehörde eines Beamten bei oder nach der Einleitung eines Disziplinarverfahrens ausgesprochen, wenn der Verdacht eines sehr schweren Dienstvergehens besteht, das nach Beurteilung der Sachlage voraussichtlich zu einer Beendigung des Beamtenverhältnisses führen wird.«

---

[1] Vgl. https://www.corodok.de/suspendierter-hauptkommissar-querdenker/

II. Kriminalhauptkommissar:

Bin stolz, dabei gewesen zu sein[2]

Episch: Kriminalhauptkommissar Michael Fritsch stellt sich gegen Merkel

Er war ein bisschen nervös, bevor er die Bühne betrat, der Michael Fritsch, Kriminalhauptkommissar aus Hannover. Wohl nicht, weil ihm ein Auftritt vor 2500 Menschen bevorstand, sondern weil so viel auf dem Spiel steht. Seine Zukunft und die Zukunft Deutschlands. Michael Fritsch ist kein Träumer, ihm war bewusst, dass ihm ein Disziplinarverfahren erwarten wird.

---

2 Vgl. https://19vierundachtzig.com/2020/08/09/episch-kriminalhauptkommissar-michael-fritsch-stellt-sich-gegen-merkel/

III. Patriot:

Kriminalhauptkommissar Michael Fritsch: Ich bin Patriot und kein Idiot - Bericht über die Demo am 1.8.2020[3]

Bitte beachten Sie, dass die Meldung den Stand der Dinge zum Zeitpunkt ihrer Veröffentlichung am 10.08.2020 wiedergibt. Eventuelle in der Zwischenzeit veränderte Sachverhalte bleiben daher unberücksichtigt.

Kriminalhauptkommissar Michael Fritsch (2020)

[3] Vgl. https://www.extremnews.com/lifestyle/internet/676e17cc55296b4

Eine sehr gute Zusammenfassung der rechtlichen Situation rund um die so genannte Pandemie. Die Rede des Kriminalhauptkommissars Michael Fritsch am 9. August 2020 in Dortmund. Wenn sie Polizeibeamtin oder Polizeibeamter sind, hören Sie ihm doch bitte zu. Er zeigt in sehr sachlicher und fundierte Art und Weise die Missstände auf, die aktuell in Deutschland herrschen.

IV. Disziplinarverfahren:

Polizei Hannover leitet Disziplinarverfahren gegen eigenen Beamten ein[4]

Der Polizist aus Hannover, der in Dortmund auf einer Demo von Corona-Leugnern auftrat und unter anderem Vergleiche zur NS-Zeit zog, muss weitere Konsequenzen befürchten. Wie die Polizeidirektion Hannover auf HAZ-Anfrage mitteilte, wurde jetzt ein Disziplinarverfahren gegen den 57-Jährigen eingeleitet.

[4] Vgl. https://www.haz.de/Hannover/Aus-der-Stadt/Corona-Rede-Polizei-Hannover-leitet-Disziplinarverfahren-gegen-Beamten-ein

V. Ermittlungsverfahren:

Kriminalhauptkommissar Michael Fritsch- Ich bin Patriot und kein Idiot[5]

Michael Fritsch: wer einmal Lügt, dem glaubt man nicht, auch wenn er dann die Wahrheit spricht

Dortmund- Meinung Bodo Schiffmann: “Eine sehr gute Zusammenfassung der rechtlichen Situation rund um die so genannte Pandemie. Die Rede des Kriminalhauptkommissars Michael Fritsch am 9. August 2020 in Dortmund. Wenn sie Polizeibeamtin oder Polizeibeamter sind, hören Sie ihm doch bitte zu. Er zeigt in sehr sachlicher und fundierte Art und Weise die Missstände auf, die aktuell in Deutschland herrschen.”

---

[5] Vgl. https://www.presse.online/2020/08/12/kriminalhauptkommissar-michael-fritsch-ich-bin-patriot-und-kein-idiot/

Dieses Video auf YouTube ansehen

Video: Kriminalhauptkommissar Michael Fritsch Ich bin Patriot und kein Idiot

Noch ein Polizist, der bestens informiert, ausgestattet mit der Fähigkeit selber zu denken, gesegnet mit einem Gewissen und Mut.

Kriminalhauptkommissar Michael Fritsch: „Ich bin weisungsgebunden, doch bin ich keinem Menschen gegenüber zu bedingungslosem Gehorsam verpflichtet.“

Inzwischen ist Fritsch angeblich vom Dienst suspendiert und es wurde und ein Ermittlungsverfahren eingeleitet.

VI. Suspendierung:

Polizist nach Corona-Demo suspendiert[6]

Der Corona-Protest in Dortmund.

Am Wochenende treten zwei Polizisten als Redner bei verschiedenen Demonstrationen gegen die Corona-Maßnahmen auf. Beiden drohen nun schwere Sanktionen, einer ist suspendiert. Die Polizei Hannover erklärt, Beamte könnten sich zwar frei äußern - allerdings getrennt von dienstlichem Handeln.

Michael F. wird sich nicht im Nachhinein damit herausreden können, er habe spontan und ohne nachzudenken einen unüberlegten Fehler begangen. Das wird der inzwischen suspendierte Kriminalhauptkommissar wohl auch nicht wollen, obwohl seine

---

6 Vgl. https://www.n-tv.de/politik/Polizist-nach-Corona-Demo-suspendiert-article21965586.html

Karriere und sein Beamtenstatus akut gefährdet sind. F. tritt am Sonntag in Dortmund als Redner bei der Corona-Demonstration der Initiative "Querdenken 231" auf. Seine Ansprache leitet er damit ein, sich als Polizist vorzustellen, der sich die folgenden Worte sehr genau überlegt habe.

Es folgt eine heftige Kritik an den Pandemie-Maßnahmen von Politik und Behörden sowie an der medialen Berichterstattung. F. sieht sich demnach an das "dunkelste Kapitel der deutschen Geschichte" erinnert und warnt seine Kollegen vor "bedingungslosem Gehorsam". "Mein Bauch sagt mir, dass sich alles wieder in dieselbe Richtung entwickelt", sagt F. und zieht diverse Parallelen zum Holocaust. Die Schlüsselstelle für F.'s weitere Karriere ist aber wohl der Satz: "Liebe Polizisten, geht in eure Herzen und fragt euch (...), ob ihr das mittragen wollt. Denkt an euren Auftrag und schließt euch an", sagt F., woraufhin die Zuhörer immer wieder "Schließt euch an" skandieren.

Polizeidirektion Hannover reagiert

"Ich bin mir sicher, dass mein Verhalten Dienst- und disziplinarrechtliche Konsequenzen haben wird", sagt der Kriminalhauptkommissar. Und so ist es tatsächlich: Nachdem sich die Rede rasend schnell im Internet verbreitet hat, reagiert die Polizeidirektion Hannover noch am Montagabend: Sie informiert die "Hannoversche Allgemeine Zeitung", dass F. suspendiert worden sei. Auf Nachfrage von ntv.de teilt die Polizeipressestelle mit, das Recht auf freie Meinungsäußerung gelte auch für Beamte. "In ihrem Auftreten und bei ihren Äußerungen in der Öffentlichkeit sind sie dabei allerdings zur Mäßigung und Zurückhaltung aufgerufen." Und: "Private Meinung und dienstliches Handeln sind stets zwingend zu trennen."

Beide Grenzen hat F. mit seinen Vergleichen zur Nazi-Diktatur und seinem Aufruf an Polizisten zum Widerstand womöglich überschritten. Die Behörde verhängte gegen F. deshalb ein vorläufiges Dienstverbot. Sie hat nun drei Monate Zeit, ein Disziplinarverfahren einzuleiten. Passiert nichts, kann der Mann in den Dienst zurückkehren. Im schlimmsten Fall aber droht ihm der Verlust des Beamtenstatus.

"Achtung, Achtung, hier spricht die Polizei!"

Ein ähnlicher, in der Wortwahl aber wesentlich milderer Fall geschieht am Samstag in Augsburg. Mit den Worten "Achtung, Achtung, hier spricht die Polizei!", betritt ein Mann die Bühne der örtlichen Corona-Demonstration. Er stellt sich als Bernd B. vor, Dienstgruppenleiter in Mittelfranken. Dafür, dass er als Polizist auftritt, erhält er reichlich Zuspruch von den Protestteilnehmern.

B. bezeichnet seinen Dienst während der großen Corona-Demonstration am 1. August in Berlin als "Initialzündung". Die Teilnehmer des Protestzugs seien von Politik und Medien verzerrt dargestellt worden. Zudem werde mit Blick auf die Teilnehmer der vorangegangenen Antirassismus-Proteste mit zweierlei Maß gemessen, kritisiert er. B. zweifelt zudem generell die Verhältnismäßigkeit der Pandemie-Maßnahmen an.

Gewerkschaft "irritiert"

Am kritischsten für B. dürfte wohl der einleitende Aufruf an die anwesenden Polizisten "Schließt euch an" sein, den er sinngemäß am Ende wiederholt. Der "Bayerische Rundfunk" berichtet, dass B. bereits versetzt worden sei. Das Polizeipräsidium Mittelfranken in Nürnberg prüft demnach, ob ein dienstrechtliches Fehlverhalten vorliegt. Auf Nachfrage der "Welt" wollte ein Pressesprecher die Versetzung nicht bestätigen.

In zahlreichen Internetforen und sozialen Medien werten die politisch sehr breit gefächerten Corona-Kritiker die Sanktionen gegen die Beamten als Beleg für eine vermeintliche Corona-Diktatur. Sie sehen die durch die Artikel 5 und 8 des Grundgesetzes verbürgte Versammlungs- und Meinungsfreiheit verletzt. Die Polizeibehörden dagegen verwiesen auf das Mäßigungsgebot und die Trennung von dienstlichem und privatem Handeln. Peter Pytlik von der Bezirksgruppe Schwaben Süd/West der Gewerkschaft der Polizei sagte dem "BR", er sei über B.'s Auftritt "irritiert". Er höre zum ersten Mal von einem derartigen Fall.

VII. Grundgesetz:

Kriminalhauptkommissar bekennt sich auf Freiheitsdemo klar zum Grundgesetz und der FDGO

Polizeibeamter vom Dienst su[s]pendiert, weil er auf einer Freiheitsdemo sprach[7]

Kriminalhauptkommissar Michael Fritsch hat 40 Dienstjahre auf dem Buckel. Als 17-Jähriger hat er einen Eid auf das Grundgesetz abgelegt und auf die Verfassung seines Bundeslandes. Er steht zu diesem Eid. Das und noch einiges mehr sagte er bei einer Freiheitsdemo in Dortmund. Deswegen wurde er jetzt vom Dienst suspendiert.

Es ist eine gute, eine besondere Red[e], die Kriminalhauptkommissar Michael Fritsch am vergangenen Sonntag in Dortmund gehalten hat (hier im Video). Es sind etwas über 20

---

[7] Vgl. https://www.freiewelt.net/nachricht/polizeibeamter-vom-dienst-supendiert-weil-er-auf-einer-freiheitsdemo-sprach-10082078/

Minuten, die es sich anzuhören lohnt. Denn Michael Fritsch (57) ist kein Einzelfall; er sagt das aus, was viele Polizisten schon lange empfinden, sich aber zu sagen nicht wagen.

Fritsch hat mit 17 Jahren seinen Amtseid auf das Grundgesetz für die Bundesrepublik Deutschland und die Verfassung des Landes Niedersachsen (Fritsch ist dort Landespolizist) abgelegt. Er hat das gemacht, weil er die damals geltenden Gesetze »und unsere Staatsform viele Jahre lang für die beste der Welt« hielt: »sie enthielt gute Sicherungen gegen Missbrauch.«

Die Gewaltenteilung, wie sie im Artikel 20 GG vorgegeben ist, gibt es in diesem Land schon lange nicht mehr, so Fritsch weiter. Die Leitungen von Polizeibehörden sind politische Beamte, Gesetzentwürfe werden von Lobbyisten geschrieben und immer wieder werden die Politiker von den Verfassungsgerichten darauf hingewiesen, dass die verabschiedeten Gesetze nicht verfassungskonform waren.

Das von der Merkel-Regierung modifizierte Infektionsschutzgesetz verstößt gleich in mehreren Punkten gegen im Grundgesetz fest verankerte Grundrechte, wie Fritsch an zahlreichen Beispielen anführt. Da anders als von der Merkel-Regierung behauptet »nicht alle von den Beschränkungen durch das Infektionsschutzgesetz betroffene Menschen als Adressaten (sprich Infizierte, Anm. d. Red.) infrage kommen, ist davon auszugehen, dass die darauf begründeten gesetzlichen Verordnungen und Maßnahmen als unrechtmäßig anzusehen sind«, so Fritsch. »Ohne eine gesetzliche

Grundlage ist jede Beschränkung oder Aufhebung von Grundrechten nicht rechtmäßig, ja, sie ist sogar verfassungswidrig.«

Weil Fritsch sich in aller Öffentlichkeit zur freiheitlich-demokratischen Grundordnung, dem Grundgesetz für die Bundesrepublik Deutschland und den darin fest verankerten Grundrechten bekannt hat und weil er deren Beschneidung, Beschränkung und Aushebelung durch die Regierenden anprangert, wurde er vom Dienst suspendiert. Oberster Dienstherr eines jeden Landespolizisten in Niedersachsen ist der Innenminister des Landes, derzeit ein Herr Boris Pistorius. Erreichbar in der Lavesallee 6 in Hannover. Oder telefonisch über die Vermittlung unter 0511 / 120-0.

VIII. Nachspiel:

Dortmund: Corona-Rede hat Nachspiel für Polizisten[8]

Weil er am Samstag auf einer Demonstration gegen Corona-Maßnahmen eine Rede gehalten hat, ist ein Polizist vorläufig aus dem Dienst genommen worden. Jetzt machen sich auch jüdische Gemeinden Sorgen: Denn der Mann hat an Sicherheitskonzepten für Synagogen mitgearbeitet.

Mit seiner Rede hatte sich Kriminalhauptkommissar Michael F. auch immer wieder an die in Dortmund eingesetzten Polizisten gewandt. Und sie aufgefordert, sich der Bewegung der Corona-Maßnahmen-Gegner anzuschließen. Der Beamte aus Hannover sagte unter anderem, dass es auf *„die Polizei und die Soldaten“* ankomme, damit die Machtübernahme durch das Volk *„unblutig*" verlaufe.

---

[8] Vgl. https://www1.wdr.de/nachrichten/ruhrgebiet/polizist-demo-dortmund-nachspiel-100.html

Kriminalhauptkommissar Michael F. auf der Demo in Dortmund

Nur die Polizei könne der Politik die Macht entreißen und dem Volk zurückgeben. Der Beamte sieht Deutschland durch die Corona-Schutzmaßnahmen in einer Art Diktatur. Er wolle nicht, *„dass die Polizei wie in dunklen Zeiten von der Politik missbraucht*" werde.

Drohungen gegen Politik und Presse

Politikern und Journalisten rief er zu, *„Wer einmal lügt, dem glaubt man nicht, und wenn er auch die Wahrheit spricht. Ihr habt euch quasi euer eigenes Grab geschaufelt.*" Damit bezog er sich auf Angaben zur Teilnehmerzahl bei der Demonstration der Corona-Maßnahmen-Gegner am 01.08.2020 in Berlin.

Nach offiziellen Angaben waren dort etwa 18.000 Teilnehmer. Michael F., der nach eigenen Angaben selbst teilgenommen hat, spricht dagegen von mehreren hunderttausend Teilnehmern.

Polizei prüft mögliche Konsequenzen

Auf Nachfrage des WDR wollte sich der Kriminalhauptkommissar am Sonntag nicht weiter zu seiner Rede äußern. Seine Polizeidirektion in Hannover hat aber nur einen Tag nach dem Auftritt in Dortmund reagiert. Dem Beamten sei ein „*Verbot der Führung seiner Dienstgeschäfte*" ausgesprochen worden, so ein Polizeisprecher in Hannover.

Das sei noch keine Suspendierung, jeder Beamte habe das Recht auf freie Meinungsäußerung. „*In ihrem Auftreten und bei ihren Äußerungen in der Öffentlichkeit sind sie dabei allerdings zur Mäßigung und Zurückhaltung aufgerufen*", schreibt die Polizei in einer Stellungnahme. Ob Michael F. mit seiner Rede zu weit gegangen ist, werde jetzt geprüft.

Michael F. hat an Sicherheitskonzepten mitgearbeitet

Derweil machen sich auch jüdische Gemeinden Sorgen. Denn Michael F. hat auch an Sicherheitskonzepten für Synagogen mitgearbeitet. Die Befürchtung: Das Wissen über die Sicherheitskonzepte könnte bei Michael F. in schlechten Händen sein.

IX. Maßregelung:

Nach Corona-Demo versetzt und suspendiert: Kritische Polizisten werden gemaßregelt[9]

AKTIVISMUS | DEMONSTRATIONEN | GESUNDHEIT | POLIZEI | ÜBERWACHUNG | ZENSUR

[9] Vgl. https://deutsch.rt.com/inland/105468-nach-corona-demo-versetzt-und/

Der niedersächsische Polizist bei seiner Rede am Sonntag in Dortmund

Am Wochenende traten zwei Polizisten als Redner bei Demonstrationen gegen die staatlichen Maßnahmen in der Corona-Krise auf und kritisierten in deutlichen Worten die Rolle von Politik und Medien. Am Montag wurde einer der beiden suspendiert, der andere versetzt.

Die beiden Polizisten, die am Wochenende auf verschiedenen Protestveranstaltungen gegen die Corona-Maßnahmen der Politik aufgetreten waren, haben bereits am Montag die ersten Konsequenzen ihres Handelns zu spüren bekommen.

Michael Fritsch, ein Polizist aus Hannover, war am Sonntag in Dortmund auf der Veranstaltung der Initiative "Querdenken-231" aufgetreten. Dabei hatte er Politik und Medien Lügen vorgeworfen und die in der Corona-Krise getroffenen Maßnahmen als unrechtmäßig bezeichnet.

Am Montagabend meldete die *Hannoversche Allgemeine*, dass die Polizeidirektion den Kriminalhauptkommissar suspendiert habe. Das Blatt wusste ferner zu berichten, dass die Polizei Hannover wegen des Auftritts "heftig in der Kritik stand".

Ähnlich erging es dem fränkischen Polizisten Bernd Bayerlein. Der Beamte hatte am Samstag in Augsburg auf einer Demonstration unter dem Motto "Fest für Freiheit und Frieden" über seine Erfahrungen in der Corona-Krise gesprochen und dabei mitunter beklagt, wie sich Deutschland durch das Verbreiten von Angst und

Schrecken durch Politik und Medien in einen Denunziantenstaat verwandelt habe. Am Ende seiner Rede hatte er die anwesenden Polizisten aufgefordert, aufzustehen und sich dem Protest anzuschließen.

Der *Bayerische Rundfunk (BR)* berichtete am Montagabend, dass das Polizeipräsidium Mittelfranken in Nürnberg den Mann intern versetzt habe. Bisher sei der Mann bei der Polizeiinspektion Weißenburg als Dienstgruppenleiter tätig gewesen. Die Polizei erklärte gegenüber dem *BR*, die Videoaufnahmen der Demonstration gesichtet zu haben und zu prüfen, ob ein "dienstrechtliches Fehlverhalten" vorliege.

Der Polizist werde nicht mehr als Führungskraft oder im Kontakt mit Bürgern eingesetzt. Der Sprecher betonte zwar die Bedeutung des Grundrechts auf freie Meinungsäußerung, verwies aber auch auf "beamtenrechtliche Grenzen".

Der *BR* zitiert auch einen Vertreter der Gewerkschaft der Polizei, der den Auftritt des Beamten als "unglücklich" bewertete. Polizisten seien zwar Bürger, die in ihrer Freizeit ihre Meinung kundtun dürften. Ob man das tun müsse, sei aber eine andere Frage, die jeder für sich selbst beantworten müsse.

Der Beitrag des *BR* berichtete außerdem von der Reaktion des bayerischen Ministerpräsidenten Markus Söder auf den Auftritt des früheren Fußballprofis und Weltmeisters Thomas Berthold auf der Demonstration in Stuttgart. Berthold hatte dort unter anderem die Corona-Maßnahmen als unangemessen bezeichnet und erklärt, sein Vertrauen in die politische Führung sei bei "unter null angekommen".

Söder, der erst am Montag die von dem Virus ausgehende Gefahr beschworen hatte ("Corona wird jeden Tag gefährlicher"), erklärte dazu ebenfalls am Montag:

Wenn sogar ehemalige Nationalspieler sich irgendwelchen absurden Diskussionen anschließen, hat das übrigens auch eine ganz verheerende Wirkung. Was hat das für eine Wirkung auf Fußballfans, wenn ehemalige Fußballnationalspieler plötzlich dazu aufrufen, weder Masken zu tragen, noch Abstand zu halten?

X. Freistellung:

Dortmund: Was genau der nun freigestellte Polizist auf der Corona-Demo sagte[10]

Nach seiner Rede auf der Versammlung der Corona-Skeptiker von "Querdenken231" ist ein Polizist freigestellt worden. Aber was waren seine Worte?

- Die Rede eines **Polizisten** bei der **Corona-Demo** am Sonntag (9. August) in **Dortmund** hat Konsequenzen.
- Der **Kriminalhauptkommissar** wurde von der Polizei **Hannover** freigestellt.
- An wichtigen Stellen in seiner Rede ruft er zum **Ungehorsam** auf und zieht **Nazi-Vergleiche**.

Dortmund – Mit den Worten "Ich bin Patriot, kein Idiot" hat der Polizist **Michael Fritsch** (57) aus Hannover am Sonntag (9. August) seine Rede bei der Querdenken231-Demo in Dortmund begonnen. 25 Minuten später, nachdem der **Kriminalhauptkommissar** seine Ansprache vor 2.800 **Corona-Skeptikern** beendet hatte, war er (vorerst) auch seinen Job bei der **Polizei Hannover** los.

Corona-Demo in Dortmund: Polizist aus Hannover nach Rede vom Dienst freigestellt

Er sei vorerst vom Dienst entbunden worden, hieß es in dieser Woche von der **Polizei Hannover**, berichtet die *Deutsche Presse-Agentur* (dpa). Es werde nun geprüft, ob der Mann gegen die

[10] Vgl. https://www.ruhr24.de/dortmund/dortmund-corona-demo-querdenken231-polizist-rede-video-freigestellt-hannover-13857954.html

gebotene Neutralität und die sogenannte **Wohlverhaltenspflicht** verstoßen habe. Doch was waren die Worte, die dazu führten?

Der Vater von drei Kindern, der nach eigenen Angaben selbst aus einer Polizisten-Familie stammt, habe sich seine Worte "reichlich überlegt". Er habe sich noch nie öffentlich politisch geäußert, sagte er. Am 1. August sei er allerdings privat bei der **Corona-Demo** in **Berlin** dabei gewesen. "Mehrere 100.000 Menschen seien dort gewesen", behauptete der 57-Jährige. Die Polizei in Berlin spricht derweil in der Spitze von 20.000 Teilnehmern.

Dann nimmt die Ansprache des Kriminalhauptkommissars auf der Bühne in **Dortmund** langsam Fahrt auf. Es gäbe aus seiner Sicht seit langem keine **Gewaltenteilung** mehr in Deutschland. Leitungen von Polizeibehörden seien "politische Beamte" und Gesetzesentwürfe würden von Lobbyisten geschrieben. Wie Fritsch auf letztere Aussage kommt, teilt er nicht mit.

Polizist teilt bei Demo in Dortmund gegen Medien und Politik aus

Dann teilt der 57-Jährige pauschal gegen "die Medien" und "die Politiker" aus. "Wer einmal lügt, dem glaubt man nicht - und wenn er auch die Wahrheit spricht." Das Publikum auf dem **Hansaplatz** in **Dortmund** jubelt. Auch hier: keine näheren Angaben, wie er auf die Aussagen kommt.

Ein Polizist aus Hannover ist nach seiner Rede bei einer Demonstration gegen die staatlichen Corona-Schutzmaßnahmen in Dortmund vorerst vom Dienst entbunden worden.

Applaus brandet auch auf, als der 57-Jährige die **Polizei** in Deutschland als "die beste Polizei der Welt bezeichnet." Es wird offenbar der erste zaghafte Versuch unternommen, die Polizei auf die Seite der **Corona-Skeptiker** zu ziehen. Im weiteren Verlauf der Rede wird der Hannoveraner Polizist die Anwerbeversuche für seine Kollegen intensivieren.

Corona-Demo in Dortmund: Polizist kritisiert Infektionsschutzgesetz

Zunächst widmet sich Fritsch allerdings der Kritik am Infektionsschutzgesetz. Es sei kaum zu verstehen und teils so verfasst, dass einzelne Paragrafen auch auf "Scheidenpilz, Herpes und Würmer" zutreffen könnten. Er kritisiert, dass eine Vermutung ausreiche, um als **Corona-Verdächtiger** zu gelten. Vieles sei daher "alles nur eine Frage der Interpretation und der Begründung."

Nun geht der Polizist auf den Paragrafen 5 des **Infektionsschutzgesetzes** ein, in dem es um die "Epidemische Lage von nationaler Tragweite" geht. Fritsch stellt infrage, ob es diese in Deutschland überhaupt gäbe. Dazu zitiert er den umstrittenen deutschen Infektionsepidemiologen **Sucharit Bhakdi**, der behauptete: "Wir haben und wir hatten in Deutschland niemals eine Epidemie von nationaler Tragweite."

Corona-Demo in Dortmund: Polizist zitiert umstrittenen Wissenschaftler

Bhakdi hatte in diesem Jahr mit einem **Youtube-Video** für Aufsehen gesorgt, in dem er behauptete, der **Impfstoff** gegen **Covid-19** sei sinnlos und **Corona** nicht gefährlicher als ein **Grippevirus**. Er hatte sich dabei auf eine Studie von John P. A. Ioannidis gestützt, einem Medizinprofessor der **Stanford University**. Die Studie von Ioannidis wurde jedoch von anderen Experten kritisiert – unter anderem, weil dort Antikörpertests verwendet wurden, die noch unzuverlässig seien. Das Recherchezentrum Correctiv fand heraus, dass die meisten der sieben Behauptungen Bhakdis in dem Video unbelegt seien.

Polizist Fritsch kommt auf dem Dortmunder Hansaplatz unterdessen zur Forderung, die aktuellen **Grundrechtseingriffe** sollten "angesichts der vielen Fakten aus der Medizin" aufgehoben werden. Dass es laut einer Umfrage des Universitätsklinikums Eppendorf in

Hamburg (UKE), der Gesellschaft für Virologie (GfV) und der Universität Tübingen einen **wissenschaftliche n Konsens** in den meisten Punkten gab, erwähnt Fritsch nicht.

Querdenken-Demo in Dortmund: Polizist will Kollegen überzeugen

Dann widmet sich der Kriminalhauptkommissar aus Hannover erneut der **Polizei**, die bei der Demo in **Dortmund** zahlreich vertreten ist. "Illegale Anordnungen oder Befehle dürfen wir als Polizisten nicht ausführen. Wir haben an dieser Stelle nicht nur das Recht, sondern die Pflicht zur **Remonstration**", (Anm. d. Red.: *Hierunter wird die Pflicht des Beamten verstanden, Bedenken gegen die Rechtmäßigkeit dienstlicher Anordnungen unverzüglich bei dem unmittelbaren Vorgesetzten geltend zu machen*) sagt der Redner bei seinem Auftritt auf der **Querdenken231-Demo** in Dortmund.

Es folgt ein Rückblick auf die Corona-Skeptiker-Veranstaltung am 1. August in Berlin. Die Auflösung der Versammlung, so die Behauptung Fritschs, sei keine polizeiliche, sondern eine **politische Entscheidung** gewesen. Teilnehmer hätten das Hygienekonzept und die Auflage zum Tragen des **Mund-Nase-Schutzes** nicht beachtet, lautete hingegen die Begründung der Polizei **Berlin**.

Corona-Demo in Dortmund: Polizist fordert Kollegen zu Ungehorsam auf

Nun richtet der 57-Jährige einen drastischen Appell an die Polizei: "Siegt das Gewissen, oder der Gehorsam?", fragt er. Als **Polizist** sei er "keinem Menschen zu bedingungslosem Gehorsam verpflichtet". Indirekt fordert er die Polizei damit zum **Ungehorsam** auf.

Ein Polizist aus Hannover ist nach seiner Rede bei einer Demonstration gegen die staatlichen Corona-Schutzmaßnahmen in Dortmund vorerst vom Dienst entbunden worden.

Jetzt wird es brenzlig, zieht der Kripo-Beamte nun Parallelen zur Zeit des **Nationalsozialismus**. Damals hätten Regierende ihre Sicherheitskräfte schonmal bedingungslosem Gehorsam unterworfen "und sie für die abscheulichsten Verbrechen missbraucht", so Fritsch. "Heute habe ich Angst, denn mein Bauch sagt mir, dass sich alles wieder in dieselbe Richtung entwickelt."

Damit vergleicht Fritsch die aktuellen Corona-Schutzmaßnahmen der Regierung indirekt mit dem millionenfachen **Mord** der **Nationalsozialisten** an unschuldige Menschen im Dritten Reich.

Querdenken-Demo in Dortmund: Polizist zieht Nazi-Vergleich

Dem Schwenk ins **Dritte Reich** folgt eine Aufforderung an die Polizei: "Liebe Polizisten geht in eure Herzen und fragt euch, ob ihr das alles als Menschen, als Väter und Mütter, die ihr auch seid, mittragen könnt und wollt. Denkt bitte an euren Auftrag und schließt euch an." Hier wird es konkret: Die Polizei solle sich den Querdenkern anschließen. Das Publikum skandiert: "Schließt euch an!"

Polizist redet in Dortmund 25 Minuten lang - und fordert dann Meinungsfreiheit

Ein jeder Polizist trage die **Verantwortung** für sein Handeln und er werde sich früher oder später dafür rechtfertigen müssen, so der Polizist. Es liege an der Polizei und den **Soldaten**, ob der "anstehende **gesellschaftliche Wandel**" friedlich oder gewaltsam verlaufe. Fritsch deutet nun subtil eine Aufforderung zum **Putsch** an: "Nur wir, die vollziehende Gewalt, können dem Verfassungsauftrag gerecht werden und die Macht wieder in die Hände des Volkes zurückgeben."

Abschließend stellt der seit fast 25 Minuten frei und ungestört redende Polizist fest, dass wir derzeit in einer parlamentarischen Demokratie leben. Er bezeichne aber eine Staatsform, in der niemand eine persönliche Meinung äußern könne als **Diktatur**. Was genau er damit meint, lässt er offen. *Hinweis: In einer früheren Version dieses Textes haben wir Fritsch aus akustischen falsch zitiert. Er nutzt das Wort "Remonstration" und nicht "Demonstration". Wir bitten diesen Fehler zu entschuldigen.*

XI. Helden:

Es war – leider – zu erwarten

Polizeihauptkommissar Michael Fritsch vom Dienst suspendiert – Bernd Bayerlein wurde versetzt![11]

Es kam, wie es kommen musste, Freunde: Während Bernd Bayerlein bislang „nur" versetzt wurde, haben sie Michael Fritsch vom Dienst suspendiert. Dass es soweit kommen wird, war beiden Helden vorher klar, umso höher müssen wir ihren Einsatz für unsere Freiheit bewerten.

Bestrafe einen, erziehe *hundert.*

Die Hannoversche Allgemeine über Polizeihauptkommissar Michael Fritsch:

Die Polizei Hannover steht wegen des Auftritts eines Beamten aus ihren Reihen auf einer Demonstration von Gegner der Coronamaßnahmen heftig in der Kritik. In seiner Rede am Sonntag in Dortmund sagte der Hauptkommissar, er sehe eine zweite Nazi-Zeit kommen und forderte seine Kollegen auf, Befehlen nicht blind zu folgen. Die Behörde hat den Polizisten inzwischen suspendiert.

Hannoversche Allgemeine | 10. August 2020 | 17 Uhr 22

---

11 Vgl. https://k7848.wordpress.com/2020/08/10/%f0%9f%92%a5%f0%9f%92%a5%f0%9f%92%a5es-war-leider-zu-erwarten-polizei-hauptkommissar-michael-fritsch-vom-dienst-suspendiert%f0%9f%91%8e-bernd-bayerlein-wurde-versetzt/

Der Bayerische Rundfunk über Bernd Bayerlein (sein Dienstgrad ist unbekannt)

Auf einer Corona-Demo in Augsburg hat ein fränkischer Polizeibeamter eine Rede gehalten. Er rief Kollegen dazu auf, sich dem Protest anzuschließen. Die Gewerkschaft der Polizei zeigt sich "irritiert". Der Beamte wurde inzwischen intern versetzt.

Als historischen Moment bezeichnete der Demo-Moderator die Rede eines fränkischen Polizeibeamten auf der Bühne im Wittelsbacher Park in Augsburg am Samstag. Dort hatten sich Menschen zu einem "Fest für Freiheit und Frieden" versammelt, einer Veranstaltung im Zeichen des Protests gegen die Art des Umgangs von Politik und Medien mit der Corona-Pandemie. Der Polizist bemühte dabei auch gängige Verschwörungstheorien.

Nach BR-Informationen war der Beamte bisher bei der Polizeiinspektion Weißenburg als Dienstgruppenleiter tätig. Das Polizeipräsidium Mittelfranken in Nürnberg reagierte bereits auf den Auftritt – der Beamte wurde intern versetzt.

Nach Angaben von Polizeisprecher Michael Petzold habe die Polizei die Videoaufnahmen der Demo gesichtet und prüfe derzeit, ob ein dienstrechtliches Fehlverhalten vorliege. Ab sofort werde der Beamte nicht mehr als Führungskraft oder im Dienst mit Bürgerkontakt eingesetzt. Zwar sei das Grundrecht auf freie Meinungsäußerung wichtig, so Polizeisprecher Petzold, allerdings gebe es beamtenrechtliche Grenzen.

Bayerischer Rundfunk | 10. August 2020 | 15 Uhr 41

Ausgerechnet die Gewerkschaft der Polizei fällt Bayerlein in den Rücken

Peter Pytlik von der Bezirksgruppe Schwaben Süd/West der Gewerkschaft der Polizei ordnete den Vorfall als "unglücklich" ein. Er selbst sei darüber "irritiert", höre das erste Mal von einem derartigen Fall. Zwar seien auch Polizisten Bürger und dürften in ihrer Freizeit ihre Meinung kundtun. Ob man das tun müsse, sei eine andere Frage, die jeder selbst beantworten müsse.

Klar sei, dass es sich hier um eine Einzelmeinung handele und nicht die Sicht der Polizei zum Umgang mit der Corona-Krise darstelle, so Pytlik. Als Beamter sei man zwar grundsätzlich dazu aufgerufen, Missstände zur Sprache zu bringen, dies aber intern, nicht in einer öffentlichen Rede.

Bayerischer Rundfunk | 10. August 2020 | 15 Uhr 41

Und als ob das alles nicht reichen würde, meldet sich auch noch der Bayerische Ministerpräsident Söder zu Wort

Wenn sogar ehemalige Nationalspieler sich irgendwelchen absurden Diskussionen anschließen, hat das übrigens auch eine ganz verheerende Wirkung. Was hat das für eine Wirkung auf Fußballfans, wenn ehemalige Fußball-Nationalspieler plötzlich dazu aufrufen, weder Masken zu tragen, noch Abstand zu halten?

Bayerischer Rundfunk | 10. August 2020 | 15 Uhr 41

ÄHNLICHE BEITRÄGE

Nachdem der Kriminalhauptkommissar Michael Fritsch auf einer Demonstration von Corona-Maßnahmen-Gegnern in Dortmund Anfang August eine Rede gehalten hat ... wurde sein Haus auf den Kopf gestellt, ALLES umgekrempelt...

In "Aufklärung"

2 Polizisten sprechen Klartext zu staatlichen Corona-Repressionen und zur Lügen- & Lücken-Berichterstattung des Mainstream zu der Hammer-Demo in Berlin vom 1.8.2020 - BITTE teilen, teilen, teilen...

In "Aufklärung"

Episch: Kriminal-Hauptkommissar Michael Fritsch stellt sich gegen Merkel In "1984 Das Magazin"

XII. Hausdurchsuchung:

Kriminalkommissar Michael Fritsch_Heiko Schöning_HAUSDURCHSUCHUNG NACH FREIHEITSREDE[12]

Außerparlamentarischer Corona Untersuchungsausschuss (ACU) Spenden / Support „ACU“ IBAN: DE 17430609674127654801 PayPal: kontakt@aerzte-fuer-aufklaerung.de

UNTERDRÜCKUNG DES GRUNDRECHTS DER FREIEN REDE DURCH HOCH-GESTELLTE PERSONEN: Auf Antrag des Polizeipräsidenten wurde eine Durchsuchung der Privaträume von Michael Fritsch verübt, der eine freie Rede privat um das Thema Corona in Dortmund gehalten hatte.

Diese klare und bewegende Rede ist über eine Million Male bereits angesehen worden und sagt viel über den aktuellen Zustand im Lande aus. Beim Ansehen dieser Rede kann man sich auch ein eigenes Bild über den Redner machen (https://youtu.be/Sz7c8YC_wAg).

Der Redner ist Kriminalhauptkommissar und wurde am Tag darauf einerseits vom Dienst suspendiert. Anderseits wurden Gerüchte gestreut, er sei ein Spitzel. Damit nicht genug: Am 21.08.2020 hat im Disziplinarverfahren der Polizeidirektion Hannover gegen Kriminalhauptkommissar Michael Fritsch das Verwaltungsgericht Hannover mit Beschluss 18 E 441/20 die vollständige Durchsuchung seiner Privatsphäre angeordnet. Genauer laut im Original

[12] Vgl. https://revealthetruth.net/2020/08/27/kriminalkommissar-michael-fritsch_heiko-schoening_hausdurchsuchung-nach-freiheitsrede/comment-page-1/

vorliegenden Beschluss: Die Durchsuchung seiner Wohnräume und Nebenräume, seiner Telefone und Computer, seiner privaten Emails und Social Media-Accounts und sonstigen Daten. Begründung, wörtliches Zitat: „ Der von der Antragsstellerin gegenüber dem Antragsgegner gehegte Verdacht, er habe die Überzeugung eines „Reichsbürgers“ und dokumentiere das auch nach außen, ergäbe im Fall der Erweislichkeit ein schwerwiegendes Dienstvergehen“. Jeder beurteile selbst die Rede von Michael Fritsch: https://youtu.be/Sz7c8YC_wAg

Bei der Durchsuchung ging die Polizei bewaffnet vor und davon aus, dass ein gefährlicher Hund im Haushalt sei; tatsächlich gibt es im Haushalt von Michael Fritsch keinen Hund.

Die Lebensgefährtin wurde durch einen Polizeibeamten blutig am Arm verletzt. Zudem wurde sie psychisch traumatisiert durch das verstörende Staatsvorgehen während der Hausdurchsuchung. Beides ist ärztlich eindeutig festgestellt worden. Die ÄRZTE-FÜR-AUFKLÄRUNG kümmern sich persönlich um beide Menschen.

XIII. Stolz:

Bin stolz, dabei gewesen zu sein

Episch: Kriminalhauptkommissar Michael Fritsch stellt sich gegen Merkel[13]

Er war ein bisschen nervös, bevor er die Bühne betrat, der Michael Fritsch, Kriminalhauptkommissar aus Hannover. Wohl nicht, weil ihm ein Auftritt vor 2500 Menschen bevorstand, sondern weil so viel auf dem Spiel steht. Seine Zukunft und die Zukunft Deutschlands. Michael Fritsch ist kein Träumer, ihm war bewusst, dass ihm ein Disziplinarverfahren erwarten wird.

Also das, was dieser Kriminal-Hauptkommissar Michael Fritsch gesagt hat, spricht ganz sicher uns **Allen** aus dem Herzen…!

Auch wenn er das mit dem Grundgesetz und der BRiD – einem Verwaltungs-Konstrukt der Alliierten – „noch“ nicht erkannt hat, ist seine Rede absolut brillant und trägt zum weiteren Erwachen der Schlaf-Schafe bei!

Ganz vielen lieben Dank an einen mutigen Polizisten!

---

13 Vgl. https://k7848.wordpress.com/2020/08/10/%f0%9f%91%8d%f0%9f%92%96episch-kriminal-hauptkommissar-michael-fritsch-stellt-sich-gegen-merkel%e2%80%bc%f0%9f%92%96%f0%9f%91%8d%f0%9f%98%8e/

XIV. Mut:

****

Kommentare[14]

Adrian:

2ter Polizist Kriminalhauptkommissar spricht heute in Dortmund 09.08.2020 auf der Grundrechte Demo für Freiheit. Über Politik Das RKI, das wir mehrere 100000 Menschen waren und das wir auch die friedlichste Demonstration waren. Das[a] die Auflösung der Berliner Demo nicht aufgrund der Polizei war sondern auf Befehl der Regierung!!! Das in Deutschland Recht zu Unrecht wird! Über alle alle Einschränkungen des Grundgesetzes also eurer Grundrechte und das sie falsch sind. Was die Regierung macht ist verfassungswidrig!!! Über Fehlentscheidungen der Regierung, wer einmal lügt den glaubt man nicht.

Und der Polizist ruft auch alle Polizisten zum Reformation auf, denn eines Tages werdet ihr dafür bestraft für das was ihr im Namen der Regierung ausgeführt, sagt er!!!

Und noch viele andere Sachen, angucken teilen, 2ter Polizist stellt sich öffentlich gegen die Regierung! Er sagt was übers dritte reich und auch über das was die Polizei in der DDR getan hat und dass

---

14 Vgl. https://k7848.wordpress.com/2020/08/10/%f0%9f%91%8d%f0%9f%92%96episch-kriminal-hauptkommissar-michael-fritsch-stellt-sich-gegen-merkel%e2%80%bc%f0%9f%92%96%f0%9f%91%8d%f0%9f%98%8e/

jeder Polizist sich eines Tages rechtfertigen muss für das was sie gerade tun!!! Teilen Teilen Teilen!!!

P.S ZUDEM HAT DER VERFASSUNGSSCHUTZ BESTÄTIGT DAS WIR EINE DEMOKRATISCHE BEWEGUNG SIND p.s alle Umfragen sind gefälscht es ist alles nur noch Regierungsbefohlen, vergisst nie, es wurden Wahlen Rückgängig gemacht, Anwälte werden verhaftet die sich gegen Merkel stellen und man will eure Kinder jetzt auch noch wegnehmen, auf Demos wird aufgefordert das Grundgesetz abzulegen und alte Menschen werden geschlagen, sogar CDU Politiker Arnold Vaatz äusserte sich vor paar Tagen, dass hier Diktatorische Methoden angewendet werden und ein weiterer CDU Politiker gab ihm recht, steht in einem Welt Artikel.

WACHT AUF BEVOR ES ZU SPÄT IST – WIR SEHEN UNS AM 29.08.2020 IN BERLIN

Sabine

Meine größte Hochachtung vor diesem mutigen Mann. Ich hoffe jetzt ist endlich der Knoten geplatzt. Bitte ihr Polizisten schließt euch an. Was wollen die denn machen. Die können euch nicht alle entlassen. Tut es für euch und eure Kinder.

Emanuel

Angriffe auf unsere Grund und Freiheitsrechte ! Grundrechte Report sind Verfassungs Einschränkungen u.s.w. Denn die radikalsten Angriffe und Gesetzes Änderungen auf Grund und Freiheitsrechte gehen in der Bundesrepublik nicht von Terroristen und sogenannten Gefährdern aus ,sondern vor allem vom GESTZGEBER KORRUPTER POLITIKER von Behörden ,aber auch von Gerichten und Unternehmen u.s.w.

vergiß mein nicht:

Chapeau, Herr Michael Fritsch! Vielen Dank für Ihre heutige fundierte, faktenorientierte und herzergreifend ehrliche Rede! Ich finde Sie, und ihr Kollege aus Franken, Herr Bayerlin, sollten unbedingt zusammen auf der Bühne in Berlin, am 29,8 zu uns allen sprechen. Das haben Sie sich, und wir uns verdient. Und bringen Sie hoffentlich auch viele Kollegen zum Umdenken, nämlich dazu, sich mutig Ihnen anzuschließen, denn auch sie haben einen Eid auf die Verfassung und unser Grundgesetz geleistet. Im Gegensatz zu allen korrumpierten, seit Jahren nur noch lobbygesteuerten geldgierigen Politikern aller Parteien, und ihrer „Steigbügelhalter“, den gleichgeschalteten Medien, die nur an ihren eigenen Vorteil denken, bzw. fremdgesteue[r]t werden und das offensichtlich nicht einmal merken (teilweise) sind Sie und Ihre Kollegen auch Menschen, wie wir alle. Und diesen Machenschaften genauso hilflos ausgeliefert! Mit denselben Sorgen, mit Schutzbefohlenen (Familien,

Kindern, Eltern und Großeltern). Vielen Dank, daß Sie diese Lügen nicht mehr mit machen wollten, Sie geben mir das Vertrauen in zumind[e]st Teile unserer Sta[a]tsexekutive zurück. Alles Gute für Sie!

Marina

Coronapandemie ist psychischer Terrorismus gegen Menschen von Regierung. Das ist Genozid und Diktatur. Wir müssen Nein sagen und Grenzen zeigen.

guenu

Ihr Mut Herr Fritsch ist bewundernswert und verdient grösste Hochachtung! Stecken Sie möglichst viele Ihrer Kollegen und Freunde mit Ihrem Mut an. Alles Gute aus der Schweiz! Uns fehlen leider so mutige Personen und Polizisten.

Sturm Auf die Bastille

Der Geist ist jetzt aus der Flasche und hat die Freiheit gesehen, der Geist wird nie wieder in diese Flasche zurückkehren sondern die Wahrheit verbreiten. Knock, Knock. Der Sturm ist da! Wer Wind sät wird eben diesen Ernten.

fronkensteyn

Es tut gut zu sehen, dass die Polizei nicht in ihrer Gesamtheit hinter dem Regime steht. Frau Dr. Merkel, Herr Spahn, Herr Professor Lauterbach und wie Sie alle heißen; Sie sollten sich langsam Gedanken machen, dass Ihre Allmacht zu Ende gehen könnte… .

Gerry

Jetzt geht´s los! Ich freue mich auf die Tribunale!!!!!!!!! DU BIST UNSER MANN!!!!!!! Danke Michael aus dem Hause Fritsch!

Tessa

Verbrecher machen Gesetze, selbstverständlich zu ihren Gunsten. Weder diese Regierung, noch die Politiker dieser Welt arbeiten zugunsten von Menschen. Wir brauchen deshalb solche Politiker nicht, die an den Strippen von Menschenfeinden hängen. Selbstbestimmung und Freiheit für die Menschheit!

Rene

Danke dem Polizeihauptkommissar!! Eine wohlüberlegte und gute Rede. Danke für ihren Mut! Ich denke viele Polizisten denken wie [S]ie!

Uta

Dieser tolle Mensch soll sich den Querdenker-Anwalt Marcus Haintz als fähigen, engagierten Rechtsanwalt nehmen, mit dem schafft er den weiteren Weg zu seinem höheren Lebenssinn. Danke für die aufrechte, mutige Haltung des Beamten…

Fadamo

Ich hoffe, dass diese Polizisten keine dienstlichen und beruflichen Nachteile zu erwarten haben.

Joachim

Lg an alle die da waren, und alle die dazu stehen.......

Really Real

Allergrößten Respekt vor diesem Polizisten, wieder einer mehr der in den Spiegel schauen kann!

Heidrun

Einfach nur Toll. Der 2te Polizist, der zu uns steht. DAAAAANKE.

Doge

Der erste Polizist sagt öffentlich seine Meinung in Augsburg auf dem Fest für Frieden und Freiheit“ https://youtu.be/dz0KzUt049M Und nun auch in Dortmund

Jacqueline

Er hat es begriffen, dass wir mehr zu verlieren haben, als einen unterbezahlten Job und das Ansehen dieser heuchlerischen, doppelmoralistischen Gesellschaft.

A. D.

Super! So soll es sein... Sie werden es nicht bereuen etwas absolut positives für die Menschheit getan zu haben! Sie sehen ja selbst, dass selbst Gerichte nicht eingreifen und die Drangsalierung weiter geht. Jeder einzelne der Regierung wird dafür bezahlen!

Solveig

“ich bin ein Schutzmann“ so soll es sein. Es lebe die deutsche Polizei dieser Qualität!

Dieter

Es ist schön solche Bilder zu sehen das[s] diese Menschen so langsam hoffentlich mitmachen.

Phony

es ist nicht mehr aufzuhalten!!!! die [V]erantwortlichen müssen ihre gerechte [S]trafe bekommen und [B]erufsverbot erhalten. ES REICHT!!!

Uta

Toller, mutiger Mensch, danke für Deine Worte, Du findest Deinen etwas anderen Weg zu Deinem wirklichen Sinn, Du gehörst zu uns und wir werden Dich unterstützen, danke und bleibe in Deiner Liebe

Printed by Books on Demand GmbH, Norderstedt / Germany